KREUZWEG

Mutter Teresa – Frère Roger

KREUZWEG

Mutter Teresa – Frère Roger

Herder
Freiburg · Basel · Wien

Ausgewählt und herausgegeben
von der Communauté de Taizé

Umschlagbild: Kreuzikone von Taizé
(Original in der Kirche der Versöhnung)

Vierte Auflage

Herstellung: Freiburger Graphische Betriebe 1989
ISBN 3-451-20386-3

Inhalt

Leiden an sich ist nichts; aber Leiden, das teilnimmt an der Passion Christi, ist eine große Gabe: es ist ein Zeichen seiner Liebe, denn dadurch hat der Vater bewiesen, daß er die Welt liebt, indem er seinen Sohn für uns dahingab.

Mutter Teresa

Seinen Leib den Flammen übergeben, seine Güter verteilen, seine Kraft im Kampf für die Gerechtigkeit einsetzen, heißt das gefährlich leben? Ja, aber das ist nicht alles. Gefährlich lebt, wer den Osterdurchgang mit Jesus geht und einwilligt, zusammen mit ihm es sogar auf sich zu nehmen, aus Liebe zu sterben.

Frère Roger

Quellenhinweis

Mutter Teresa, Worte der Liebe (Verlag Herder, Freiburg i. Br. [7]1982). – Mutter Teresa von Kalkutta, Geistliche Texte, Topos-Taschenbücher 819 (Matthias-Grünewald-Verlag, Mainz [4]1980). – Frère Roger, Einer Liebe Staunen. Tagebuchaufzeichnungen, Herderbücherei Band 819 (Verlag Herder, Freiburg i. Br. 1980). – Frère Roger, Blühen wird deine Wüste. Tagebuchaufzeichnungen, Herderbücherei Band 1100 (Verlag Herder, Freiburg i. Br. 1984). – Mutter Teresa – Frère Roger, Brief aus Taizé (zweimonatlich, Communauté de Taizé). – Iubilaeum Iuvenum, Pontificium Consilium pro Laicis, Città del Vaticano 1984).

I.
STATION

Jesus wird zum Tod verurteilt

Er wurde geschmäht, schmähte aber nicht; er litt, drohte aber nicht, sondern überließ seine Sache dem gerechten Richter… Durch seine Wunden sind wir geheilt (1 Petrus 2,23–24; vgl. Jesaja 53,7).

Du willst, ohne zurückzuschauen, Christus nachfolgen: rüste dich in einem ganz einfachen Leben, mit einem versöhnten Herzen zu kämpfen.

Fürchte dort, wo du hingestellt bist, nicht den Kampf für die Unterdrückten, Glaubende wie auch Nichtglaubende. Die Suche nach Gerechtigkeit bedingt ein Leben in konkreter Solidarität mit den Allerärmsten… Worte allein können zur Droge werden.

Rüste dich auch, gleich, was es dich kostet, für einen Kampf in deinem Innern, damit du dich Christus treu erweist bis in den Tod. Durch diese Stetigkeit eines ganzen Lebens baut sich in dir eine innere Einheit auf, mit der du dich allem stellen kannst.

Mit einem versöhnten Herzen kämpfen erfordert, mitten in den stärksten Spannungen auszuhalten. Ohne im Geringsten deine Energien zu ersticken, verlangt ein solcher Kampf von dir, alle deine Lebenskräfte zusammenzunehmen.

Deine Absichten werden vielleicht entstellt. Lehnst du es ab zu verzeihen, verweigerst du die Versöhnung, was spiegelst du dann von Christus wider? Ohne ein Gebet für den Gegner, welche

Finsternis in dir. Verlierst du die Barmherzigkeit, hast du alles verloren.

Allein kannst du nicht viel für den anderen ausrichten. Doch zusammen, als Gemeinschaft, durchzogen vom Atem der Liebe Christi, öffnet sich jener Durchbruch, der von der Dürre zur gemeinsamen Schöpfung führt. Und wenn eine Gemeinschaft ein Ferment der Versöhnung ist in jener Gemeinschaft, die die Kirche ist, wird das Unmögliche möglich.

Du versuchst, Hefe im Teig zu sein, du suchst, die Kirche zu lieben, und stößt dich so oft an den inneren Spaltungen, die letztlich den Leib Christi, seine Kirche, auseinanderreißen. Die nach Versöhnung suchen, erkennt man daran, daß sie in der Nachfolge Christi mehr erfüllen als niederreißen, mehr verstehen als belehren möchten. Sie halten an ihrem Platz im Innern fest, bis sich in der Kirche selbst das Zerbrechliche verklärt.

Anstatt Strohfeuer anzuzünden, gib dein Leben ganz, und es wird Tag für Tag Schöpfung mit Gott.

Frère Roger

Mir fällt die Arbeit viel leichter, und ich kann viel unbeschwerter lachen, wenn ich an jeden einzelnen meiner leidenden Brüder und Schwestern denke. Jesus braucht euch, um das Öl eurer Liebe und eures Opfers in die Lampe unseres Lebens zu gießen. Ihr lebt wirklich das Leiden unseres Herrn nach. Geschlagen, gestoßen, voller Schmerzen und Wunden, wie ihr sie habt, nehmt Jesus auf, wenn er in euer Leben eintritt.

Ohne IHN könnten wir nichts tun. Und gerade der Altar ist der Ort, an dem wir dem leidenden Armen begegnen. In ihm sehen wir, daß Leiden ein Weg zu größerer Liebe und mehr Großmut ist.

Mutter Teresa

II.
STATION

Jesus nimmt das Kreuz auf seine Schultern

Er war Gott gleich, hielt aber nicht daran fest, wie Gott zu sein, sondern er entäußerte sich und wurde wie ein Sklave und den Menschen gleich (Philipper 2, 6–7).

Gott aller Menschen, seit urerdenklichen Zeiten hast du durch deinen Geist in jeden ein Gesetz der Liebe eingeschrieben. Doch nur wenige begreifen, daß du sie nach deinem Bild als Freie geschaffen hast, frei, um zu lieben.

Lebendiger Gott, um zu versuchen, dich verständlich zu machen, bist du durch Christus Jesus als ein Armer auf die Erde gekommen. Und diesen abgelehnten, an einem Kreuz gemarterten, tot in ein Grab gelegten Jesus hast du auferweckt.

Niemand kann den Tod Jesu verstehen, ohne diesen zunächst als Auferstandenen zu begreifen. Blitzartig erahnt man das Geheimnis:

Christus, deinen Jüngern wie uns selbst stellst du die Frage: Wer bin ich für euch?

Du bist der Lebendige. Als Auferstandener liegst du jetzt im Todeskampf zusammen mit jedem, der durch Anfechtungen geht. Dein Geist bewohnt den, der menschliches Leiden erfährt.

An jeden richtest du einen Aufruf, dir nachzufolgen. Dir nachfolgen erfordert, jeden Tag unser Kreuz auf uns zu nehmen. Doch du steigst herab, dorthin, wo wir sind, bis in die tiefsten Tiefen, um auf dich zu nehmen, was auf uns lastet. Du hältst dich in der Nähe eines jeden Menschen. Du besuchst selbst noch jene, die gestorben sind, ohne daß sie dich erkennen konnten (1 Petrus 3,19–20).

Die Kontemplation deiner endlosen Barmherzigkeit wird zu einem Strahl der Güte im demütigen Herzen, das sich führen läßt durch deinen Geist.

Frère Roger

Gott hat sich mit dem Hungernden, dem Kranken, Nackten, Heimatlosen gleichgestellt; Hunger nicht nur nach Brot, sondern nach Liebe und Fürsorge, nach Anerkennung; Nacktheit nicht nur durch mangelnde Kleidung, sondern durch Erbarmungslosigkeit, die viele gegenüber Fremden zeigen; Heimatlosigkeit nicht nur wegen eines fehlenden Daches über dem Kopf, sondern jene Heimatlosigkeit, die derjenige erleidet, dem niemand ein Wort schenkt.

Ohne unser Mit-Leiden wäre unsere Arbeit nur Sozialarbeit, sehr gut und hilfreich, aber sie wäre nicht die Arbeit Jesu Christi, nicht Teil der Erlösung. Jesus wollte helfen, indem er unser Leben teilt, unsere Einsamkeit, unser Leid, unseren Tod. Nur indem er eins mit uns wurde, hat er uns erlöst.

Wir dürfen das gleiche tun; all das Elend der armen Leute, nicht nur ihre materielle Armut, sondern auch ihre geistige Not, muß erlöst werden. Und wir müssen ihr Los teilen, denn nur wenn wir eins mit ihnen sind, können wir ihnen Erlösung bringen, das heißt, daß wir Gott in ihr Leben und sie zu Gott bringen.

Mutter Teresa

III. STATION

Jesus fällt zum ersten Mal unter dem Kreuz

Wie einer, vor dem man das Gesicht verhüllt, war er verachtet; wir schätzten ihn nicht (Jesaja 53,4).

Ein Junge erzählt mir eine innere Tragödie.

Sein Leiden ist grenzenlos. Nichts ist grausamer als die Ablehnung oder der Bruch einer Liebe. Das Herz weiß nicht mehr, wie es darauf antworten soll, und um nicht zu sehr zu leiden, verhärtet es sich manchmal. Ein Gegenmittel bietet sich an: sich selbst lieben. Aus nicht verkrafteter Demütigung brechen Lebensstolz, menschlicher Ehrgeiz hervor.

Christus lehnt sich nicht auf, wenn er verstoßen wird. Er leidet, und er liebt.

Frage eines Jugendlichen: Wie kann man Versöhnung vollziehen, wenn der andere sie ablehnt?

Diese Ablehnung ist wie ein kleiner Tod, der uns den Boden unter den Füßen entzieht. So schnell erholt sich davon keiner. Nichts ist verletzender, als beim Gegenüber, mit dem wir eine Versöhnung suchen, Kälte und Distanznahme vorzufinden. Das Herz ist bis auf den tiefsten Grund getroffen.

Es kommt sogar vor, daß das Verzeihen das Gegenüber zu folgender zynischer Berechnung verleitet: Warum sollte ich meinen Plan nicht weiterverfolgen, wenn nötig, über den Leib des anderen hinweg; er verzeiht mir ja auf jeden Fall um Christi willen?

Wenn der andere hartnäckig bei seiner Ablehnung bleibt – sollte Gott dann das Gebet nicht erhört haben? In Wirklichkeit hat Gott es schon »in uns« erhört, seine Antwort wurde »in unserem Inneren« bereits gegeben, schon hat er in uns versöhnt.

Jemandem, der mir nahesteht, am Vorabend eines wichtigen Augenblicks geschrieben:

»Wenn der gedemütigte Mensch in dir alles abschütteln möchte, was er als eine Last empfindet, vergiß nicht, daß diese Last das leichte Joch Christi sein kann, sein Arm, der auf deiner Schulter liegt. Wenn du unter der Umklammerung einer Revolte so sehr verzweifelst, daß du Christus aufgeben willst, der dich ein für allemal gerufen hat, so gehe in die innere Oase, an den Ort der Einsamkeit in dir; unablässig richtet er dort an dich immer wieder denselben Ruf. Von dir verlangt er viel, er, der dich mit Gaben überhäuft hat. Wirf diese kostbaren Perlen nicht weg, indem du deine Kraft damit verbrauchst, zu wissen, wer recht oder wer unrecht hatte. Möge dein Leben eine Antwort verwunderten Staunens angesichts dessen sein, was er in dich gelegt hat.« Frère Roger

Einmal lasen wir in den Straßen von Kalkutta einen jungen Mann auf. Er hatte eine sorgfältige Erziehung erhalten und mehrere akademische Grade erworben. In schlechte Gesellschaft geraten, hatte man ihm seinen Ausweis gestohlen.

Nach einiger Zeit fragte ich ihn, warum er seine Eltern verlassen habe. Er sagte mir, daß sein Vater ihn nicht leiden konnte. »Seit meiner Kindheit, hatte er mir nie mehr in die Augen gesehen. Er wurde eifersüchtig auf mich, und so ging ich von zu Hause fort.«

Die Schwestern beteten viel für den jungen Mann und halfen ihm, nach einiger Zeit wieder nach Hause zu gehen und seinem Vater zu verzeihen: und das hat beiden geholfen. Auch so kann Armut aussehen.

Mutter Teresa

IV.
STATION

Jesus begegnet seiner Mutter

Stark wie der Tod ist die Liebe (Hohelied 8, 6).

Beide stellen wir fest: Weite Zonen der Erde sind von geistlichen Wüsten überzogen. Dort stößt man auf Jugendliche, die von menschlicher Verlassenheit und einem alles durchdringenden Zweifel geprägt sind, wie er von Bruchstellen, die bis in die Tiefe der Jugendlichen reichen, ausgelöst wird.

Selbst wo sie nach einem spirituellen Leben dürsten, werden so viele Jugendliche vom Zweifel überwältigt. Sie sind nicht imstande, Gott ihr Vertrauen zu schenken, zu glauben, da sie kein Vertrauen in jene fanden, denen sie durch ihre Lebensumstände anvertraut sind. Der Abbruch von Beziehungen hat sie unschuldig in ihrer Kindheit oder frühen Jugend verwundet. Daraus erwachsen Skepsis und Mutlosigkeit: Wozu überhaupt leben? Hat das Leben noch einen Sinn?

In Kalkutta gibt es sichtbare Sterbehäuser..., doch in den westlichen Gesellschaften befinden sich viele Jugendliche in wahren unsichtbaren Sterbehäusern. Es gibt Eltern, die ihre Kinder zwar materiell versorgen, aber überhaupt nicht an deren Leben teilnehmen.

Viele Jugendliche suchen mit nostalgischer Vehemenz nach dem, was ihnen vorenthalten wurde. Sie versuchen, im allgemeinen in kleinen Gruppen, Erfahrungen zu machen. Manche lassen sich in Formen aller Art, selbst noch in die esoterischsten, gießen – Hauptsache, man fühlt sich zusammen wohl. Sie möchten sich mit anderen Jugendlichen zusammentun, auch mit Jugendlichen, die Eltern haben, wie sie einfühlsamer nicht sein könnten. Solche Eltern sehen dann, wie ihre Söhne und Töchter sich von ihnen entfernen, obwohl sie diesen das Beste von sich selbst geschenkt hatten.

Der Bruch zwischen den Generationen zeitigt noch ganz andere Folgen: Es gibt alte Menschen, die ihr Leben in der Vereinsamung beenden müssen. Obwohl sie materiell versorgt sind, ist es, als bliebe ihnen kein anderer Ausweg, als den Tod zu erwarten. Dabei haben doch Menschen im hohen Alter so oft die Fähigkeit, anderen in völliger Selbstlosigkeit zuzuhören.

In einer Zeit zerbrochener Beziehungen und heftiger Erschütterungen wagen wir beide es deshalb, einen Aufruf an Menschen aller Altersstufen zu richten:

Um lebendige und nicht halbtote Menschen zu sein: sucht Jesus, den Lebendigen! Sucht ihn, selbst wenn ihr ihn verloren zu haben glaubt! Er liebt euch. Findet ihr ihn, so findet ihr alles, Liebe, Frieden, Vertrauen. Dann lohnt es sich, das Leben zu leben.

Wir alle können dort, wo wir stehen, zu Friedensstiftern und Trägern der Versöhnung werden. Unsere Wohnung, und sei sie noch so bescheiden, soll wie das Haus von Maria in Nazareth sein: Ein Ort, um Jesus, den Christus, aufzunehmen, um zu beten, ein Ort, um anderen zuzuhören, sie zu begleiten und es ihnen so zu ermöglichen, aus der derzeitigen Vertrauenskrise herauszufinden.

Im Alter sagte Johannes, der Evangelist, nur noch immer wieder: Gott ist Liebe. Wo Gott ist, dort ist die Liebe. Wenn ihr einander liebt, sagt Jesus, werden alle erkennen, daß ihr meine Jünger seid. Tragen wir die Liebe Jesu zu den Vereinsamten, den Traurigen, den Kranken, den Niedergedrückten! Dadurch werden auch noch viele andere von Mutlosigkeit und Zweifel hinübergehen zum Vertrauen in den Geist des lebendigen Gottes. Und somit werden viele junge und weniger junge Menschen ihrerseits zu einem Ferment des Friedens und der Versöhnung, eines Friedens und einer Versöhnung, die derzeit nicht nur unter den Glaubenden, sondern in der ganzen Menschheitsfamilie von äußerster Wichtigkeit sind.

Mutter Teresa und Frère Roger

V.
STATION

Simon von Zyrene hilft Jesus das Kreuz tragen

Einer trage des anderen Last; so werdet ihr das Gesetz Christi erfüllen (Galater 6,2).

Was auch immer du tust:
Als ich hungrig war,
gabst du mir zu essen,
als ich durstig war,
gabst du mit zu trinken.

Was auch immer du dem geringsten
meiner Brüder tust,
das tust du mir.
Nun tritt ein in das Haus meines Vaters.

Als ich obdachlos war,
öffnetest du deine Türen,
als ich nackt war,
gabst du mit deinen Rock;

als ich müde war,
halfst du mir Ruhe finden,
als ich ängstlich war,
nahmst du mir all meine Furcht;

als ich klein war,
lehrtest du mich lesen,
als ich einsam war,
gabst du mir Liebe;

als ich im Gefängnis war,
kamst du in meine Zelle,
als ich auf dem Krankenbett lag,
pflegtest du mich;

im fremden Land
schenktest du mir Heimat,
als ich arbeitslos war,
suchtest du Arbeit für mich;

als ich in der Schlacht verwundet war,
verbandest du meine Wunden,
als ich nach Güte verlangte,
hieltest du meine Hand;

als ich Neger war
oder Chinese oder Weißer,
verspottet und beleidigt,
trugst du mein Kreuz;

als ich alt war,
schenktest du mir dein Lächeln,
als ich ruhelos war,
hörtest du mich geduldig an;

du sahst mich bedeckt
mit Speichel und Blut,
du erkanntest mich,
obwohl ich bedeckt war von Schmutz und Schweiß;

als man mich auslachte,
standest du mir zur Seite,
als ich glücklich war,
teiltest du meine Freude.

Mutter Teresa

Sich für Christus entscheiden! Er stellt uns vor eine Alternative: »Wer sein Leben retten will, wird es verlieren, wer sein Leben aus Liebe zu mir hingibt, wird es wiederfinden.« Doch er drängt uns diese Entscheidung nicht auf; er läßt jedem die Freiheit, sich für ihn zu entscheiden oder ihn abzulehnen. Er übt niemals Zwang aus. Seit zweitausend Jahren steht er, gütig und demütig von Herzen, an der Tür eines jeden Menschen und klopft an: »Liebst du mich?«

Wenn die Fähigkeit, ihm zu antworten, zu schwinden scheint, bleibt noch die Möglichkeit, ihn anzurufen: »Gib mir, daß ich mich hingeben kann, daß ich mich in dir, Christus, an Leib und Geist ausruhen kann.«

Sich für Christus entscheiden erfordert, auf einem einzigen Weg, nicht auf zwei Wegen zugleich zu gehen. Wer gleichzeitig ihm nachfolgen und sich selber folgen wollte, ginge daran, seinem eigenen Schatten zu folgen, in der Jagd nach Prestige oder gesellschaftlichem Ansehen.

Was verlangst du, Christus, von uns? Vor allem, daß wir einander die Lasten tragen und sie dir in unserem allzeit armen Gebet anvertrauen.

Du nimmst jeden auf, der seine Lasten auf dich legt, und es ist, als würdest du ihn in jedem Augenblick, an jedem Ort im Haus von Nazareth empfangen.

Wer sich von dir, dem leidenden Diener, aufnehmen läßt, erkennt mit einem inneren Blick jenseits seiner eigenen Verwirrung einen Widerschein des verherrlichten Christus, des Auferstandenen. Und der Mensch lebt jedesmal von neuem auf, wenn du ihn besuchst durch den Tröstergeist.

Frère Roger

VI.
STATION

Veronika reicht Jesus das Schweißtuch

Dein Angesicht, Herr, will ich suchen. Verbirg nicht dein Gesicht vor mir (Psalm 27,9).

»Du aber, was sagst Du, wer ich bin?« (Mt 16,15)

Du bist Gott.
Du bist Gott von Gott.
Du bist gezeugt, nicht geschaffen.
Du bist eines Wesens mit dem Vater.
Du bist der Sohn des lebendigen Gottes.
Du bist die zweite Person der Heiligsten Dreifaltigkeit.
Du bist eins mit dem Vater.
Du bist im Vater von Anfang an. Alles wurde durch Dich und den Vater geschaffen.
Du bist der geliebte Sohn, an dem der Vater sein Wohlgefallen hat.
Du bist der Sohn Mariens, empfangen durch den Heiligen Geist in ihrem Schoß.
Du bist in Bethlehem geboren.
Du bist von Maria in Windeln gewickelt und in die Futterkrippe voll Stroh gelegt worden.
Du bist von dem Atem jenes Esels gewärmt worden, der Deine Mutter getragen hat und dabei Dich in ihrem Leib.
Du bist der Sohn Josephs, als Zimmermann bekannt bei den Leuten in Nazareth.
Du bist ein gewöhnlicher Mann ohne viel Bildung – so urteilt das gebildete Volk Israels.

Wer ist Jesus für mich?

Jesus ist das »Fleisch« gewordene Wort.
Jesus ist das Brot des Lebens.
Jesus ist das Opferlamm – geopfert für unsere Sünden am Kreuz.
Jesus ist das Opfer, das geopfert wird in der Heiligen Messe für die Sünden der Welt und für die meinen.
Jesus ist das Wort, das gesprochen werden muß.
Jesus ist die Wahrheit, die verkündigt werden muß.
Jesus ist das Licht, das aufleuchten soll.
Jesus ist das Leben, das gelebt werden soll.
Jesus ist die Liebe, die wir lieben sollen.
Jesus ist die Freude, die wir austeilen sollen.
Jesus ist der Friede, den wir geben sollen. [den.
Jesus ist das Brot des Lebens, um gegessen zu wer-
Jesus ist der Hungrige, den wir speisen sollen.
Jesus ist der Dürstende, dessen Durst wir stillen sollen.
Jesus ist der Nackte, den wir bekleiden sollen.
Jesus ist der Heimatlose, den wir aufnehmen sollen.
Jesus ist der Kranke, den wir heilen sollen.
Jesus ist der Einsame, den wir lieben sollen.
Jesus ist der Ungewollte, den wir annehmen sollen.
Jesus ist der Aussätzige, dessen Wunden wir waschen sollen.
Jesus ist der Bettler, dem wir ein Lächeln schenken sollen.

Jesus ist der Betrunkene, dem wir zuhören sollen.
Jesus ist der Behinderte, den wir schützen sollen.
Jesus ist das kleine Kind, das wir umarmen sollen.
Jesus ist der Blinde, den wir führen sollen.
Jesus ist der Stumme, zu dem wir sprechen sollen.
Jesus ist der Krüppel, mit dem wir gehen sollen.
Jesus ist der Drogensüchtige, dem wir ein Freund sein sollen.
Jesus ist die Prostituierte, die wir aus der Gefahr befreien und deren Freund wir sein sollen.
Jesus ist der Gefangene, den wir besuchen sollen.
Jesus ist der Alte, dem wir dienen sollen.

Für mich

Ist Jesus mein Gott.
Ist Jesus mein Bräutigam.
Ist Jesus mein Leben.
Ist Jesus meine einzige Liebe.
Ist Jesus in allem mein Alles.
Ist Jesus mein Ein und Alles.
Jesus, ich liebe mit meinem ganzen Herzen, mit meinem ganzen Sein.
Ich habe Ihm alles gegeben, sogar meine Sünden, und Er hat mich zur Braut genommen in Zartheit und Liebe. Jetzt und für mein ganzes Leben bin ich die Braut meines gekreuzigten Bräutigams. Amen.

Mutter Teresa

VII.
STATION

Jesus fällt zum zweiten Mal unter dem Kreuz

Meine Kehle ist trocken wie eine Scherbe, die Zunge klebt mir am Gaumen, ich liege im Staub des Todes (Psalm 22,16).

Bewohnt von einem vor über einem Jahr in Bangladesh gesehenen Bild. In einer engen Gasse ein auf dem Boden kauerndes Kind, das ein Baby auf dem einen Arm trägt und mit dem anderen Arm versucht, ein zweites hochzuheben. Als es beide zugleich hielt, kippte es zu Boden. Bild der unschuldig in der Kindheit erlittenen Wunden. Warum ist es unmöglich, sich solcher Kinder anzunehmen? Mehr als ein Jahr danach hat sich das Herz noch nicht davon erholt.

Intensiv an einige Frauen gedacht, denen ich in Polen begegnet bin, Bäuerinnen, die ihre sechs Jahre in den Lagern von Sibirien schilderten, wohin man sie mit ihren Kindern deportiert hatte. Zu einer von ihnen, einer bescheidenen Bäuerin, sagte ich: »Sie haben das Martyrium Jesu Christi erlebt.« In ihrer Herzenseinfalt antwortete sie mit einem einzigen Wort: »Ja«.

Was auf Erden noch an Harmonie übriggebliebenist, verdanken wir denen, die ihr Leben für die Kirche, für die Menschheit geopfert haben.

Frère Roger

In Kalkutta, Melbourne, New York und anderswo begegnen wir immer wieder einsamen, verlassenen Menschen, von denen man nur die Nummer ihrer Haus- oder Wohnungstür kennt. Warum nehmen wir uns ihrer nicht an? Wissen wir wirklich, daß es viele solcher Leute gibt, vielleicht sogar nur eine Tür weiter. Vielleicht ist da ein blinder Mann, der glücklich wäre, wenn du ihm einmal etwas aus der Zeitung vorlesen würdest; vielleicht sogar irgendein Reicher, der gern besucht sein möchte. Er mag viele andere Dinge besitzen und schier in ihnen ersticken, doch hat er niemanden, der ihn berührt, und er braucht deine Berührung. Vor einiger Zeit kam ein reicher Mann zu uns und sagte mir: »Bitte kommen Sie oder irgendeine Ihrer Schwestern zu mir in mein Haus. Ich bin halbblind und meine Frau geistesgestört. Unsere Kinder sind alle fort, und wir sterben vor Einsamkeit. Wir sehnen uns nach dem lieben Laut einer menschlichen Stimme.«

Mutter Teresa

VIII.
STATION

Jesus begegnet den weinenden Frauen

Sie werden auf den blicken, den sie durchbohrt haben, ...sie werden bitter um ihn weinen (Sacharja 12,10).

O Gott, Vater aller Menschen, du bittest jeden von uns, Liebe dorthin zu tragen, wo Arme erniedrigt werden, Freude dorthin, wo die Kirche entmutigt ist, und Versöhnung dorthin, wo die Menschen uneins sind, der Vater mit dem Sohn, die Mutter mit der Tochter, der Mann mit seiner Frau, der Glaubende mit dem, der nicht glauben kann, der Christ mit seinem nichtgeliebten christlichen Bruder. Du bahnst uns diesen Weg, damit der zerstückelte Leib Jesu Christi, deine Kirche, Ferment der Gemeinschaft sei für die Armen der Erde und für die ganze Menschheitsfamilie.

Uns beide läßt das Leiden in der heutigen Welt nicht ruhen. Angesichts der Wunden der Menschheit werden uns die Spaltungen unter den Christen unerträglich.

Werden wir unsere Trennungen aufgeben und uns von der Angst voreinander freimachen? Wozu bei jeder Streitigkeit danach suchen, wer recht und wer unrecht hatte?

Werden wir auf unserer Suche nach Versöhnung lernen, wie wir das Beste von uns selbst zur Verfügung stellen und das Beste von anderen aufnehmen können, in derselben Liebe zueinander mit der Christus uns liebt?

Jesus Christus, wir danken dir dafür, daß die katholische Kirche zuallererst die Kirche der Eucharistie ist, verwurzelt in deinen Worten »das ist mein Leib, das ist mein Blut«, daß sie Leben spendet aus deiner wunderbaren Gegenwart.

Wir danken dir dafür, daß die evangelischen Kirchen die Kirchen des Wortes sind, die beständig die Kraft deines Evangeliums in Erinnerung rufen.

Wir danken dir dafür, daß die orthodoxen Kirchen in ihrer Treue so oft in der Geschichte dahin geführt wurden, bis an die äußersten Grenzen der Liebe zu gehen.

Christus, öffne uns alle, daß wir über uns selbst hinauswachsen und nicht länger die Versöhnung in dieser einzigartigen Gemeinschaft hinauszögern, die den Namen Kirche trägt, unersetzlicher Sauerteig im Teig der Menschheit.

Mutter Teresa und Frère Roger

IX.
STATION

Jesus fällt zum dritten Mal unter dem Kreuz

Für den Leib Christi, die Kirche, ergänze ich in meinem irdischen Leben das, was an den Leiden Christi noch fehlt (Kolosser 1,24).

In der Kathedrale von Leningrad bat mich Bischof Nikodim, an die versammelten Jugendlichen ein Wort zu richten. Ich sage zu ihnen: »Wäre Christus nicht auferstanden, wären wir nicht hier, gäbe es im ganzen Land nicht das brennende Vertrauen, wie ihr es habt.« Kurz vorher wandte ich mich an jene, die in Bälde Priester sein werden: »Je mehr ihr zusammen mit Christus euren Weg gehen werdet, desto mehr werdet ihr auf den Berg der Versuchungen geführt. Er selbst ist dort gewesen. Je mehr wir uns unsichtbar dem Todesleiden Christi nähern, desto mehr tragen wir in uns den Widerschein des Auferstandenen.«

In einem Schwarzenviertel von Kapstadt hat sich eine große Menschenmenge zu einem Gebet versammelt. Sie singen – ein aus der Tiefe kommender, inständiger Ruf.

Ich versuche, mit einer Geste auszudrücken, wovon das Herz voll ist, und ich erkläre den Afrikanern: Ich möchte euch um Verzeihung bitten, nicht im Namen der Weißen, das kann ich nicht, sondern weil ihr für das Evangelium leidet und uns in das Reich Gottes vorausgeht. Ich möchte von einem zum andern gehen, damit jeder von euch in meine Hand das Kreuzzeichen, das Zeichen des Verzeihens Christi macht.

Diese Geste wird auf Anhieb verstanden. Alle machen es, sogar die Kinder. Es scheint eine Unendlichkeit zu dauern. Spontan erklingen Auferstehungsgesänge.

Für dich, Christus, bereit sein, alles zu verlieren, um dich zu ergreifen – wie du uns schon ergriffen hast –, heißt sich ganz dem lebendigen Gott hingeben und zusammen mit dir beten: »Vater, nicht was ich will, sondern was du willst.« Alles verlieren, um aus dir, Christus, zu leben heißt eine Entscheidung wagen: sich selber loslassen, um nicht länger zwei Wege auf einmal einzuschlagen ... nein sagen zu allem, was uns aufhält auf unserem Weg in deiner Nachfolge, und ja zu allem, was uns dir näher bringt und durch dich denen, die du uns anvertraust. Für den, der sich für die Absolutheit deines Rufs entscheidet, gibt es keinen gemäßigten Mittelweg. Dir nachfolgen. Frauen und Männer der Gemeinschaft sein, heißt unmerklich auf das Martyrium zugehen, heißt an seinem eigenen Leib das Todesleiden Christi tragen, um Zeichen der Herrlichkeit Gottes zu werden.

Frère Roger

Ein junges Mädchen aus einem Land außerhalb Indiens kam zu den Missionarinnen der Nächstenliebe, um bei ihnen mitzuarbeiten. Wir haben eine Regel, nach der ein neuer Mitarbeiter am Tag nach seiner Ankunft in das Haus der Sterbenden gehen muß. Ich versuchte, dem Mädchen zu erklären: »Haben Sie bei der heiligen Messe den Priester gesehen, wie liebevoll und behutsam er Christus in der Hostie angefaßt hat? Machen Sie es genauso, wenn Sie in das Sterbehaus gehen: denn es ist derselbe Christus, den Sie in den geschundenen Leibern unserer Armen finden werden.«

Die Schwester ging. Nach drei Stunden kam sie zurück und sagte mit einem Lächeln über dem ganzen Gesicht, wie ich es noch nie gesehen habe: »Mutter, ich habe den Leib Christi drei Stunden lang berührt.« Worauf ich fragte: »Wie das? Was haben Sie gemacht?«

Sie antwortete: »Als wir dort ankamen, brachten sie einen Mann, der in ein Abflußrohr gestürzt war und erst nach einiger Zeit wieder herausgeholt werden konnte. Er war über und über mit Wunden, Schmutz und Würmern bedeckt. Ich wusch ihn und war mir dabei bewußt, daß ich den Leib Christi berühre.« Mutter Teresa

X.
STATION

Jesus wird seiner Kleider beraubt

Sie gaffen und weiden sich an mir. Sie verteilen unter sich meine Kleider und werfen das Los um mein Gewand (Psalm 22, 18–19).

In einer Epoche, in der man sich der Menschenrechte ausgeprägter denn je zuvor bewußt wird, herrscht dennoch allenthalben auf der Erde das Gesetz des Stärkeren. Die Menschheit ist Gewalt, Kriegslärm und bewaffneten Konflikten ausgesetzt.

Im Evangelium trägt der Frieden den ernsten Namen der Versöhnung. Dieser Name nimmt in die Pflicht und führt sehr weit. Sich versöhnen heißt, eine neue Beziehung aufnehmen, es ist ein Frühling in unserem Menschsein.

Eine ganze junge Menschheit erwartet auf den beiden Erdhälften, daß sich die Grenzzäune zwischen den Völkern senken, und scheut sich nicht, für den Weltfrieden Risiken einzugehen. Einige Dominanten charakterisieren sie:

Jugendliche, die den Frieden suchen, weigern sich, für unantastbar gehaltene egoistische Ansprüche zu vertreten, gleich, ob sie von einem Kontinent oder einer Nation, einer Rasse oder einer Generation erhoben werden.

Sie sind sich bewußt, daß als allererste Bedingung des Weltfriedens eine gerechte Neuverteilung der Güter unter allen ansteht. Die ungleiche Verteilung des Reichtums, noch dazu, wenn er in den Händen von Christen ist, ist eine in die Gesamtheit der Menschheitsgemeinschaft geschlagene Wunde. Viele fragen sich, wie es kommt, daß die Christen, denen es oft gelingt, die geistigen Güter miteinander zu teilen, es im allgemeinen in ihrer Geschichte so wenig geschafft haben, auch die materiellen Güter zu teilen.

Jugendliche, die nach Frieden suchen, wissen auch, daß einzig ein Vertrauen, das allen Völkern, und nicht nur einigen wenigen, in gleichem Maße entgegengebracht wird, zu einer Heilung der Risse führen kann. Deshalb ist es sehr wichtig, niemals die Angehörigen eines Volkes zu demütigen, dessen Regierung unmenschlich vorgegangen ist. Auch für die vielen Männer und Frauen, die heute als Exilanten oder Ausgewanderte in einem fremden Land leben, ist äußerste Aufgeschlossenheit und Zuvorkommenheit geboten: würde sich jede Wohnung für einen Menschen anderen Ursprungs öffnen, wäre die Rassenfrage zum Teil gelöst.

Um die materiellen Güter zwischen Nord und Süd umzuverteilen und die Sprünge zwischen Ost und West zu kitten, ist Aufrichtigkeit vonnöten. Wer könnte – Politiker oder nicht – zum Frieden aufrufen, ohne ihn in sich selbst zu verwirklichen? »Sei aufrichtig im Herzen und mutig«, schrieb bereits Jesus Sirach vor zweiundzwanzig Jahrhunderten.

In der ernsten Lage unserer Zeit sind viele willens und imstande, durch ihr Leben Vorboten des Vertrauens unter den Völkern zu sein. Sie suchen in Gott die Durchhaltekraft, sie setzen alle ihre inneren und geistlichen Kräfte ein, um den Frieden und die Versöhnung nicht oberflächlich, sondern tiefreichend vorwegzunehmen. Sie wissen, daß sie nicht dazu gerufen sind, mit wirkmächtigen Waffen, sondern mit einem befriedeten Herzen zu kämpfen. Sie weigern sich, als Parteigänger Stellung zu beziehen.

Der Frieden beginnt in einem selbst. Doch wie kann man jene lieben, die die Schwachen und Armen unterdrücken? Und mehr noch: wie kann man einen Gegner lieben, wenn er sich auf Christus beruft? Gott schenkt es, selbst für die Hassenden zu beten. Gott wird zusammen mit den Unschuldigen verwundet.

»Liebt eure Feinde, tut denen Gutes, die euch hassen, betet für die, die euch verleumden«: um diese Worte des Evangeliums zu begreifen, ist es nötig, eine Reife zu erlangen und auch innere Wüsten durchquert zu haben.

In jenem unterschwelligen Ozean im Menschen verbleibt eine Erwartung. Tag und Nacht erhält sie zur Antwort: Frieden.

Herr Jesus Christus, manchmal sind wir Fremde auf der Erde, verstört von der Gewalt, der Härte der Auseinandersetzungen.

Wie einen leichten Wind hauchst du über uns deinen Geist des Friedens. Verkläre die Wüsten unserer Zweifel, um uns darauf vorzubereiten, dort, wo du uns hinstellst, Träger der Versöhnung zu sein, bis sich unter den Menschen eine Friedenshoffnung erhebt.

Frère Roger

XI.
STATION

Jesus wird an das Kreuz genagelt

Heute noch wirst du mit mir in meinem Reich sein (Lk 23,24).

Jesus, unsere Freude. Jesus, unser Leben. Er möchte jeden von uns zu einem lebendigen Menschen machen. Er gibt sich hin, er heilt. Durch ihn schenkt Gott jedem Menschen ungetrübte Freude, nicht Unglück.

So viele jüngere Jugendliche überall auf der Welt werden unschuldig verletzt, wenn ihre ehrlichsten Absichten entstellt werden, wenn ihre Liebe zurückgewiesen wird. Kürzlich, bei einem Aufenthalt in Haiti, verlangte in einem Elendsviertel ein Kind, das nichts, nicht einmal ein einziges Kleidungsstück besaß, immer wieder: »Nimm mich mit!« Und die Kinder, die um es herumstanden sagten: »Ja, es hat weder Vater noch Mutter«. Auf so vielen Gesichtern in diesem Elendsviertel lag täglich ein Widerschein von Christus am Kreuz.

Auch auf der nördlichen Erdhälfte gibt es menschliche Verlassenheit, jedoch mehr im verborgenen, unsichtbarer. Ein Jugendlicher in einer großen Stadt sagte über das Gleichnis vom verlorenen Sohn: »In meiner Familie bin nicht ich, der Sohn, weggegangen, vielmehr hat uns mein Vater verlassen«.

Wo kann man angesichts der menschlichen Verlassenheit, die Jugendliche vom Weg zum Sinn des Lebens abdrängt, zu lebensnotwendigem Vertrauen finden? Der auferstandene Christus, der in der Herrlichkeit Gottes lebt, liegt zugleich im Todesleiden, heute wie morgen und bis zum Ende der Zeiten. Um den Tod Jesu am Kreuz zu verstehen, kommt es deshalb zunächst darauf an, zu begreifen, daß er auferstanden ist und uns, so wie wir sind, in jedem Augenblick entgegenkommt. Er steigt bis zum tiefsten Punkt unseres Menschseins hinab. Er nimmt alles auf sich, was uns an uns selbst oder bei anderen wehtut. Er ist für alle da, die wie er durch kleine Tode gehen, weil sie der Verachtung und haßerfüllter Gewalt ausgesetzt sind.

Frère Roger

Ich habe den Herrn immer vor Augen gehabt, weil er mir immer zur Seite steht, so daß ich nicht fallen kann.«

Das echte innere Leben bewirkt, daß das aktive Leben hell brennt und alles verzehrt. Es hilft uns, Jesus in den finsteren Löchern der Barackenviertel zu finden, im jammervollsten Elend der Armen, den nackten Gottmenschen am Kreuz, den traurigen, von allen verachteten, von Geißelung und Kreuzigung wie einen Wurm zertretenen Mann der Schmerzen.

Was erwartet die Gemeinschaft von mir? Eine Mitarbeiterin Christi zu sein. Wo können wir diese Aufgabe erfüllen? Nicht in den Häusern der Reichen, sondern in den Elendsvierteln liegt unser Königreich. Wir können keine Arbeiten übernehmen, die nicht in die Elendsviertel führen. Dort ist das Königreich Christi und unseres, der

Acker, den wir behauen müssen. Wenn ein Sohn den Acker seines Vaters verläßt und auf einem anderen arbeiten geht, ist er nicht mehr ein Mitarbeiter seines Vaters. Diejenigen, die alles teilen, sind die Partner, die Liebe für Liebe, Leid für Leid geben. Jesus, du hast alles gegeben: dein Leben, dein Blut, alles; jetzt bin ich an der Reihe. Ich setze alles auf den Acker.

Unsere Gebete müssen heiße Speisen sein, die von dem Herd eines von Liebe erfüllten Herzens kommen.

Wahrer Christ zu sein bedeutet, Christus wirklich anzunehmen und ein anderer Christus füreinander zu sein; heißt lieben, wie wir geliebt werden und wie Christus uns am Kreuz geliebt hat. Wir müssen einander lieben und uns einander schenken.

Mutter Teresa

XII.
STATION

Jesus stirbt am Kreuz

Mein Gott, mein Gott, warum hast du mich verlassen? (Markus 15,34; vgl. Psalm 22,2).

Am Kreuz glaubt Jesus sich verlassen: »Mein Gott, mein Gott, warum hast du mich verlassen?« Im Blick auf die, die ihn martern, beginnt er zu beten: »Vater, vergib ihnen, sie wissen nicht, was sie tun.« Seit jenem Tag wird für uns alle die Kontemplation seines Verzeihens zu einem hellen Strahl der Güte in einem demütigen Herzen, das sich führen läßt von seinem Geist.

Wir haben Augen, um zu sehen, und unser Blick hat es nötig, zuzeiten auf dem Gesicht Jesu am Kreuz zu ruhen. Manchmal konnten Künstlerhände diesem Gesicht Christi so stark Ausdruck verleihen, daß unser Blick in das Geheimnis eindringt. Wir begreifen, daß Christus jedem die Freiheit läßt, sich für ihn zu entscheiden oder ihn abzulehnen. Er zwingt niemanden.

Seit bald zweitausend Jahren steht er in Einfachheit vor unserem Menschenherzen und klopft an: Liebst du mich? Bleibst du bei mir, um zu wachen und für alle zu beten, die am heutigen Tag, irgendwo auf der Erde, von denen, die sie lieben, verlassen werden, die Haß oder Folter ausgesetzt sind? Selbst wenn wir nicht wissen, wie wir beten sollen, wir alle können uns in der Gegenwart des Auferstandenen halten. In langen Zeiten der Stille, in denen nach außen hin nichts Entscheidendes geschieht, macht sich das Beste in uns breit, bauen wir uns im Innern auf. Frère Roger

Wenn Christus sagt: »Ich war hungrig und ihr habt mir nicht zu essen gegeben«, meint er nicht nur den Hunger nach Brot und Nahrung: er sprach ebenso vom Hunger nach Liebe. Jesus erfuhr diese Verlassenheit und Einsamkeit an sich selbst. Er kam in sein Eigentum, doch die Seinen nahmen ihn nicht auf. Dies war für ihn ein ständiger Schmerz... Derselbe Hunger, dieselbe Verlassenheit, dasselbe Beiseitegeschobensein: von niemandem angenommen, geliebt und gebraucht zu werden. Jeder Mensch, der in dieser Situation lebt, gleicht Christus in seiner Verlassenheit, und das ist das härteste Los, das ist wirklicher Hunger.

Wenn unsere Leute manchmal den Hungertod sterben müssen, so liegt dies nicht daran, daß Gott nicht für sie sorgte, sondern weil du und ich nicht gaben und kein Werkzeug der Liebe in den Händen Gottes waren, um ihnen das Brot und die Kleidung zu geben; weil wir ihn nicht erkannten, als Christus noch einmal in der abgerissenen Verkleidung des hungernden Mannes kam, in dem Einsamen, in dem verstoßenen Kind und ein Obdach suchte.

Tod ist Heimgang, aber die Leute fürchten sich vor dem Kommenden, so daß sie nicht sterben wollen. Wenn wir es aber wollen, wenn es keinen Zweifel mehr gibt, werden wir uns nicht fürchten. Es ist auch eine Frage des Gewissens: »Ich hätte es besser machen können.« Viele sterben, wie sie gelebt haben. Der Tod ist nichts anderes als eine Fortsetzung des Lebens, seine Vollendung... Dieses Leben ist nicht das Ende; wer glaubt, es sei das Ende, fürchtet den Tod. Wenn man die Menschen überzeugen könnte, daß der Tod nichts anderes ist als der Heimgang zu Gott, gäbe es keine Furcht mehr. Mutter Teresa

XIII.
STATION

Jesus wird vom Kreuz abgenommen und in den Schoß seiner Mutter gelegt

Siehe, ich bin die Magd des Herrn, mir geschehe nach deinem Wort (Lukas 1,38).

In Haiti gingen wir zu einer schwarzen Frau, die ihre Haustüre den Allerärmsten öffnet. Von Mitleiden ergriffen, betete diese Frau eines Tages: Ich leide, denn kaum haben wir einem in seiner Not geholfen, ist schon ein anderer mit einem anderen Leiden da.

Ein liebender Mensch sein heißt, wie diese Frau mit einem Herzen lieben, das mitleidet, heißt, die anderen in ihrer Freude wie in ihrem Leid verstehen.

In der Gemeinschaft, die Kirche heißt, sind das Sakrament der Versöhnung und die Gegenwart Christi in der Eucharistie, Quellen, die uns für das Mitleiden Gottes öffnen. Wir sprechen zu Gott das altüberlieferte Gebet: »Schau nicht auf unsere Sünden, sondern auf den Glauben deiner Kirche«.

Zur Zeit suchen viele nach Christus und verlassen ihn zugleich in der einzigartigen Gemeinschaft seines Leibes, die die Kirche ist: Christus wird dort im Stich gelassen wie selten.

Dennoch: Je mehr die Kirche Land des Mitleidens und der Versöhnung ist, desto mütterlicher wird sie nach dem Bild Marias, desto mehr wird sie gleichzeitig zur Freude gerufen: »Freu dich, Maria, voll der Gnade! Freu dich, Kirche, voll der Gnade! Freu dich, meine Seele, voll der Gnade!«.

Wirst du dich, um Ferment der Freude Jesu zu

sein und ihn in seinem Todesleiden zu begleiten, tagtäglich bereitmachen, dem Glauben der Kirche Vertrauen zu schenken? Wirst du, mit dem Mitleiden und dem Verzeihen Gottes bekleidet, wie mit einem Gewand, Wege bahnen, damit das Leiden auf der Erde verringert wird? Wirst du, wo menschliche Verlassenheit herrscht, Ferment eines Vertrauens sein, das aus dem Herzen kommt?

Christus, du schenkst es uns, als Versöhnte in der Gemeinschaft deines Leibes, deiner Kirche, zu leben, und entreißt uns so der Vereinzelung. Du schenkst es uns, uns auf den Glauben deiner ganzen Kirche zu stützen, von den ersten Christen, den Aposteln und Maria, bis zu den Christen von heute.

Wir danken dir für den Widerschein deines Angesichts in so manchem Kind; er enthüllt uns deine geheimnisvolle Gegenwart. Sie öffnet uns für die Wirklichkeit des Reiches Gottes, überströmen des Herzens, Einfachheit, bewunderndes Staunen, Jauchzen.

Frère Roger

Der Herr hat versprochen, uns sogar für ein Glas Wasser zu belohnen, das wir in seinem Namen geben. Um seiner Liebe willen werden wir Bettler.

Der Herr hat manchmal wirklich Not gelitten, wie die Vermehrung der Brote und Fische und das Abreißen der Ähren im Weizenfeld zeigen... Dieser Gedanke soll uns heilsam sein, wenn unsere Mahlzeiten kärglich sind... Und am Kreuz hatte er gar nichts mehr... Das Kreuz hatte er von Pilatus erhalten; die Nägel und die Dornenkrone von den Soldaten. Er war nackt; und als er tot war, nahm man ihm das Kreuz, die Nägel und die Dornenkrone weg; er wurde in ein Linnen gewickelt, das ein gütiger Mensch gespendet hatte, und er wurde in einem Grab beigesetzt, das nicht ihm gehörte. Dennoch hätte Jesus wie ein König sterben können; er hätte wie ein König von den Toten auferstehen können. Er wählte die Armut, weil er wußte, daß sie das einzige Mittel ist, Gott in sich zu haben und seine Liebe auf die Erde zu bringen.

»Liebet einander.« Hebt dieses Gebot auf, und das ganze Werk der Kirche Christi bricht zusammen...

Die Liebe zu den Armen muß in unserer Gemeinschaft ein loderndes Feuer sein. Wie sich um ein erlöschendes Feuer niemand mehr kümmert, wird unsere Gemeinschaft nicht mehr von Nutzen sein und aufhören zu leben, wenn ihr die Liebe fehlt.

Die Liebe gleicht einem brennenden Feuer: je trockener das Brennmaterial ist, desto heller leuchtet es. Ebenso müssen wir unsere Herzen von allen irdischen Überlegungen befreien und in Freiheit dienen... Die Liebe Gottes muß uns zu einem vorbehaltlosen Dienst befähigen. Je abstoßender die Arbeit ist, desto größer muß die Liebe sein, wenn sie dem Herrn unter der Hülle des Jammers Hilfe bringen will ... Mutter Teresa

XIV.
STATION

Der heilige Leichnam Jesu wird in das Grab gelegt

Wenn wir Christus gleich geworden sind in seinem Tod, dann werden wir mit ihm auch in seiner Auferstehung vereinigt sein (Römer 6,5).

Herr, hilf uns, daß wir die Beschwernisse und Qualen des täglichen Lebens ertragen lernen und uns an deinem Tod am Kreuz und deiner Auferstehung aufrichten, so daß wir zu immer größerer und schöpferischer Fülle des Lebens gelangen. Du hast die Tiefen des menschlichen Lebens wie auch die Pein deines Leidens und deiner Kreuzigung geduldig und demütig angenommen. Hilf uns, daß wir die Mühen und Schwierigkeiten, die uns jeder Tag neu bringt, als willkommene Gelegenheit annehmen, als Mensch zu wachsen und dir ähnlicher zu werden. Mach uns fähig, sie geduldig und mutig zu bestehen, und stärke in uns das Vertrauen auf deinen Beistand.

Indem wir mit dir sterben, können wir mit dir auferstehen.

Mutter Teresa

Die Versuchung des Zweifels stellt das Vertrauen in Gott auf die Probe. Sie kann läutern, wie Gold durch Feuer geläutert wird. Sie kann das menschliche Geschöpf auch wie auf den Grund eines Brunnens tauchen. Doch immer bleibt von oben her ein Licht. Niemals ist die Nacht vollkommen. Niemals verschlingt sie einen Menschen ganz. Bis hinein in diese Dunkelheit ist Gott gegenwärtig.

Durchgepflügt im eigenen Innern von der Anfechtung des Zweifels, läßt, wer aus dem Evangelium leben will, es zu, Tag für Tag durch das Vertrauen Gottes neu geboren zu werden. Darin findet das Leben von neuem einen Sinn.

Den Sinn des Lebens kann man nicht aus den Wolken oder aus Meinungen schöpfen; er nährt sich an einem Vertrauen. Wie einen über jeden Menschen gehauchten Atem des Geistes, gibt Gott sein Vertrauen anheim.

Es ist eines der unersetzlichen Kennzeichen des Evangeliums, daß es den Menschen einlädt, sein Vertrauen einem dem Grab entstiegenen Lebendigen zurückzuschenken. Der Glaube ist keine Meinung, er ist eine Lebenshaltung: der Glaubende nimmt den Auferstandenen auf, um auch selbst zu einem Lebenden, nicht zu einem Halbtoten zu werden. Schon in den Anfängen der Kirche schrieb Irenäus von Lyon, ein Christ der dritten Generation nach Christus (er hatte noch Polykarp gekannt, der ein Jünger des Evangelisten Johannes gewesen war): »Die Herrlichkeit Gottes ist der lebendige Mensch. Das Leben des Menschen ist das Schauen Gottes.«

In jedem, der sich in Christus zu verwirklichen sucht, ruft die derzeitige Situation Unbehagen hervor. Im Osten wie im Westen kommt es vor, daß der Zweifel den Glaubenden wie eine ausgefeimte unsichtbare Verfolgung anspringt, ihn bis zur subjektiven Vermutung treibt, von Gott und Christus verlassen zu sein.

Frère Roger

Gebet

Christus, in deinem Vertrauen zu uns liegt der Sinn unseres Lebens.

Uns, die wir dir sagen: »Ich glaube, Herr, komm meinem geringen Glauben zu Hilfe«, bahnst du einen Weg, die Schöpfung mitzugestalten. Auf diesem Weg läßt du uns selbst noch mit unserer Zerbrechlichkeit etwas bewirken.

Gelobt sei der Auferstandene; weil er weiß, wie verwundbar und hilflos wir sind, kommt er, um in uns die Hymne unerschütterlichen Vertrauens zu beten.

Frère Roger